이야기로 만나는 예수님

예수님을 따라 떠나는 낯선 여행

저자 정부선

도서출판사 TOBIA

예수님을 따르는 것
낯선 길을 나서는 것

김덕진 목사 토비아선교회대표

우리 인생에서 낯설다는 것은 사실 낯선 일이 아닙니다. 우리는 늘 낯선 곳으로, 낯선 사람을 향해, 낯선 것들에게 향하는 여행을 떠납니다. 인생이란 것이 원래 그렇습니다. 평생을 살면서 늘 익숙한 것만 접하며 살았다는 것은 인생을 산 것이라 할 수 없습니다. 우리는 어려서부터 부모 품을 떠나고, 홀로 서고, 누군가를 만나고, 어딘가에 처음 들어서고, 무엇인가를 처음 해보는 낯선 경험을 하게 마련입니다. 낯선 것과의 만남이야말로 인생의 필수이자 묘미입니다.

신앙이라는 것도 온통 낯선 것 투성이입니다. 보이지 않는 하나님을 믿어야 한다는 것, 예수의 이름으로 낯선 사람들과 만나 서로 사랑하고 우애하며 공동체를 이룬다는 것, 사명이라는 주제 아래 낯선 곳 어디엔가에 가서 주어진 과제를 수행하는 일 등이 온통 낯선 것입니다. 하나님은 늘 우리에게 낯선 제안을 하십니다. 그것은 우리를 곤혹스럽게 하기도 하고 들뜨게 하기도 합니다. 낯선 것과의 만남이야 말로 인생과 마찬가지로 신앙의 필수이자 묘미입니다.

성경에도 낯선 여행이 있습니다. 제자들이 떠났던 그 여행의 초청자는 예수님이십니다. 예수님께서는 당신의 제자로 살기로 결심한 사람들을 몇가지 특별한 여행, 낯선 여행으로 초대하십니다. 그 여행에서 제자들은 낯선 곳을 방문하고, 낯선 사람들을 만나며, 낯선 일들을 실천합니다. 무엇보다 예수님의 십자가 죽으심과 부활이라는 낯선 경험을 하게 됩니다. 이 모든 것은 예수님께서 당신의 제자들을 더욱 온전하게 하시는 교육이며 훈련입니다.

여기 토비아가 예수님과 더불어 신앙의 어린이들에게 제안하는 낯선 여행이 있습니다. 예수님께서 제자들에게 제안하셨던 일곱 개의 낯선 여행은 오늘 우리 모두에게, 특별히 어린이들에게 제안하는 여행입니다. 우리 어린이들은 예수님께서 제안하시는 이 특별한 여행을 통해 하나님께서 예수 그리스도 가운데 펼치시는 보다 넓고 크고 깊으며 풍성한 신앙의 세계를 경험하게 됩니다. 비록 낯설지라도 예수님께서 인도하시는 대로의 여행을 따르고 마치게 되면 우리 어린이들은 제자들처럼 더욱 성장한 멋진 모습이 되어 있을 것입니다.

본 교재는 인생과 신앙의 모든 길에서 낯선 여행이 우리 어린이들을 건강하게 자라도록 도울 수 있습니다. 어린이들이 수행해야 하는 낯선 여행이 두렵고 어렵고 힘들 수 있습니다. 그러나 그 모든 것은 우리 신앙하는 인생의 더욱 온전한 모습을 향한 하나님의 귀한 뜻입니다. 우리 어린이들에게 예수님께서 앞서가시는 신앙의 낯선 여행길에 나서보도록 격려합시다. 하나님께서 우리 어린이들을 한 뼘이나 자라게 하실 것을 확신합니다. 감사합니다.

『예수님을 따라 떠나는 낯선 여행』 활용안내

● 『예수님을 따라 떠나는 낯선 여행』 신앙교육교재 구성 및 진행

　　1. 외울말씀 성경구절을 찾아 적고 암송하기
　　2. 성경이야기 QR코드를 이용한 이야기 듣기 또는 소리내어 읽기
　　3. 학습활동 성경이야기를 기억하며 과제 완성하기
　　4. 기도해요 각 과를 마무리하며 목소리로 기도하고, 1주일 동안 시간을 정해 기도하기

● 『예수님을 따라 떠나는 낯선 여행』 이렇게 시작해요

　　1. 회개의 기도로 시작해요
　　　한 주간 동안 잘못한 것이 있다면 회개의 기도를 드리며 모임을 시작해요.
　　2. 함께 나눔으로 시작해요
　　　한 주간 동안 낯선 여행으로 초청하시는 예수님을 기억하며 우리 삶에서 경험한 낯선 일들에
　　　대해 이야기를 나누어요.
　　3. 말씀을 복습하며 시작해요
　　　한 주간 동안 외운 말씀을 함께 점검하며 모임을 시작해요.

● 교사지침 및 오디오북 영상안내

　　과별주제 및 교수학습진행안 PDF자료는 토비아홈페이지(www.tobiamin.com)를 통해 다운받아
　　사용 할 수 있습니다. 그리고 각 과의 오디오북 영상은 토비아 유튜브채널(www.youtube.com/
　　토비아선교회/)에서 활용하실 수 있습니다.

저자 정부선

정부선 전도사는 오랫동안 기독교대한성결교회 어린이 성경공부교재를 집필하는 일에 헌신했다. 현재는 문화촌 성결교회 어린이부 전도사로 사역하며, 토비아선교회의 다양한 말씀공부교재 개발과 집필 그리고 교회교육 사역자 양성에 헌신하고 있다.

그동안 어린이교재 「예수님이 말씀하시니 I」 「예수님이 말씀하시니 II」 「예수님을 따라 걸어요」 「평화의 예수님을 기다려요」 「예수님의 사랑을 닮아가요」 「미라클 지저스」 「예수님이 만난 갈릴리 사람들」 그리고 노인교재 「말씀세대」 등을 집필했다.

이야기로 만나는 예수님
예수님을 따라 떠나는 낯선 여행

1판 1쇄: 2022년 2월 9일

저자: 정부선
편집: 정부선, 오인표
디자인: 오인표, 김진혁
홍보/마케팅: 전원희, 지동혁
펴낸이: 강신덕
펴낸곳: 도서출판 토비아
등록: 107-28-69342
주소: 03383) 서울시 은평구 은평로 21길 31-12, 4층
      T 02-738-2082 F 02-738-2083
인쇄: 삼영인쇄사 02-2273-3521

ISBN: 979-11-91729-05-4   03230

책값은 뒤표지에 있습니다. 무단전제와 복제를 금합니다.
* 도서출판 토비아는 토비아선교회가 순례, 말씀사역, 콘테츠선교를 위해 세운 출판브랜드입니다.

CONTENTS

1과 사마리아로 떠나는 낯선 여행

- 배울 말씀: 요한복음 4장 3절-9절, 40-43절
- 외울 말씀: 요한복음 4장 9절

 보기에서 알맞은 단어를 찾아 [   ]를 채워 요한복음 4장 9절 말씀을 완성한 후 함께 외워요.

사마리아 여자가 이르되
당신은 [   ]으로서 어찌하여
[   ] 여자인 나에게
물을 달라 하나이까 하니
이는 유대인이 사마리아인과
[   ] [   ]이러라

요한복음 4장 9절

보기
사마리아, 유대인
상종하지, 사이좋게,
아니함, 지냄

사마리아 사람을 만났다고?

QR코드를 핸드폰의 카메라로 스캔하면
이야기를 읽어주는 영상을 볼수 있습니다.

"선생님! 지금 사마리아 땅을 지나가신다고요?"

예수님이 하시는 말씀을 들은 야고보가 큰 소리로 말했어요.

"예수님! 유대인들은 조상 때부터 사마리아 땅을 밟지도 않았어요.

사마리아 사람들과 만나는 것도, 대화하는 것도 금지되어 있잖아요.

그들은 이방인들이라구요! 죄인들이에요!"

제자들은 사마리아 땅을 지나가시겠다는 예수님의 말씀을 듣고 모두 놀랐어요.

유대인들은 이방민족과 혼혈이었던 사마리아 사람들을 죄인이라고 생각했어요.

사마리아 사람들을 무시하며 가까이 가지 않았어요.

또 유대인들은 사마리아 땅을 지나가는 것도 꺼려하여 먼 길로 돌아 지나갔어요.

그런데 예수님이 제자들과 함께 그 사마리아 땅으로 가시겠다고 말씀하셨어요.

"왜 예수님은 사마리아 땅을 지나가시겠다는 건지 이해할 수가 없어"

야고보는 혼잣말로 투덜거리며 앞서가시는 예수님을 뒤따라 걸었어요.

저기 눈 앞에 사마리아 땅이 보여요.

드디어 예수님과 제자들은 사마리아 땅 수가라는 동네에 이르렀어요.

햇빛이 내리쬐는 한 낮이라, 그곳을 다니는 사람들이 없었어요.

제자들은 먹을 것을 구하러 동네로 들어가고, 예수님은 동네 입구에 있는

우물 곁에 앉아 쉬고 계셨어요. 그때, 사마리아 여자 한 사람이 물을 길으러

오고 있었어요. 예수님이 사마리아 여자에게 말씀하셨어요.

"나에게 물을 좀 줄 수 있나요?"

사마리아 여자는 자기에게 물을 달라는 예수님의 얼굴을 보며 물었어요.

"당신은 유대인이 아닙니까?"

"맞습니다. 그런데 왜 그것을 묻죠?"

"왜냐하면, 당신 같은 유대인들은 사마리아 땅에 오지도 않아요,

그리고 우리 사마리아 사람들과는 말도 하지 않습니다."

예수님은 사마리아 여자를 따뜻한 눈빛으로 바라보시며 우물 곁에서 한참을 이야기했어요.

그때, 제자들이 먹을 것을 구해 돌아왔어요.

제자들은 사마리아 여자와 말씀하시는 예수님을 보고 놀랐지만,

왜 사마리아 사람과 말씀하는지 예수님께 묻지 않았어요.

하지만 마음속으로는 이상하게 여겼어요.

예수님과 이야기를 하던 사마리아 여자가 동네로 뛰어 돌아가자,

제자들은 예수님과 함께 구해온 음식을 먹고 사마리아 땅을 떠나려고 생각했어요.

그런데 사마리아 여자와 사마리아 사람들이 예수님께로 나아오며 말했어요.

"랍비여! 당신이 이 여인에게 하신 말씀을 우리가 들었습니다.

우리 동네에서, 우리와 함께 머무르시며, 우리에게도 말씀하여 주십시오."

예수님은 제자들과 사마리아 사람들의 동네로 들어가 이틀 동안 그곳에 머물렀어요.

야고보와 제자들은 자신들의 생각과 다른 예수님의 낯선 모습을 보았어요.

예수님은 유대인들이 가기를 꺼려했던 사마리아 땅에서 사마리아 사람들과 함께 지냈어요.

그리고 하늘나라와 복음을 전하셨어요. 사마리아 사람들을 사랑으로 대하셨어요.

Before(이전) vs After(이후)

예수님은 유대인들이 가려고 하지 않는 사마리아 땅으로 가셔서 사마리아 사람들과
함께 하셨어요. 예수님의 모습을 본 야고보의 생각이 바뀌었어요.
어떻게 바뀌었을까요?

Before(이전)

VS

After(이후)

 **함께 기도해요**

오늘 예수님이 사람들이 가기를 꺼려하는 곳, 만나기를 꺼려하는 사람들과
함께 하셨음을 배웠어요. 우리도 꺼려했던 사람들에 대한 잘못된 생각을
버리고 그들과 함께하는 어린이가 되게 해주세요. 아멘.

2과 안식일로 떠나는
낯선 여행

- 배울 말씀: 마태복음 12장 1-15절
- 외울 말씀: 마태복음 12장 12하-13절

 마태복음 12장 12하-13절을 따라 적고, 함께 말씀을 외워요.

안식일에 선을 행하는 것이
옳으니라 하시고
이에 그 사람에게 이르시되
손을 내밀라 하시니
그가 내밀매 다른 손과 같이
회복되어 성하더라

마태복음 12장 12하~13절

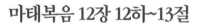

안식일에 병자를 고쳤다고?

QR코드를 핸드폰의 카메라로 스캔하면
이야기를 읽어주는 영상을 볼수 있습니다.

"예수여! 당신의 제자들은 왜 안식일에 해서는 안될 일을 하고 있습니까?

당신의 제자들이 밀밭사이를 지나갈 때에 밀 이삭을 잘라먹는 것을 우리가 보았소."

무슨 일이 있었던 것일까요?

예수님이 밀밭사이를 지날 때에 배가 고팠던 제자들이 밀 이삭을 잘라 먹었어요.

그 모습 지켜보던 바리새인들은 오늘도 예수님을 비난했어요.

"보십시오. 거룩한 안식일에 어찌하여 당신의 제자들은 밀 이삭을 잘라 먹습니까?

어찌하여 율법을 지키지 않습니까?"

예수님은 안식일에 율법을 지키지 않았다고 비난하는 바리새인들을 향해 말씀하셨어요.

"여러분들은 안식일에 제사장이 성전 안에서 안식일의 규정을 어겨도 죄가 되지 않는다는 것을

율법에서 읽어보지 못했습니까?

죄 없는 사람을 정죄하기 보다는 자비를 베푸는 일이 더 중요합니다."

빌립과 제자들은 자신들의 행동때문에 비난 받는 예수님께 죄송했어요.

예수님과 제자들은 그곳을 떠나 회당으로 들어가셨어요.

회당 안에는 안식일을 지키려는 많은 사람들로 북적거렸어요.

사람들 중에는 한 쪽 손이 오그라든 병자도 있었어요.

예수님을 고발할 구실을 찾고 있던 바리새인들이 병자를 예수님께 데려

왔어요. 그리고 예수님께 질문했어요.

"예수여! 안식일에 병을 고치는 일이 옳습니까?"

회당안에 있던 많은 사람들이 숨죽여 예수님의 말씀에 귀 기우렸어요.

예수님은 바리새인들을 향해 주저함 없이 말씀하셨어요.

"양 한 마리 가진 사람이 있습니다.

그런데 그 양이 안식일에 구덩이에 빠졌다면 끌어올리지 않겠습니까?

사람이 양보다 귀할진 데, 병들에 고통받는 사람을 구하는 일이 어찌 잘못된 일입니까?

안식일에 생명을 구하는 선한 일을 하는 것이 어찌 옳은 일이 아니겠습니까?"

빌립은 안식일에 생명을 구하는 선한 일이 옳은 것이라고 하신 예수님의 말씀을 듣고 놀랐어요.

빌립은 이일로 예수님이 또 어려움을 당할까 걱정되었어요.

회당 안에 모여 있던 사람들도 눈을 크게 뜨고 예수님을 쳐다보았어요.

고요하던 회당 안에 예수님의 말씀이 울려 퍼졌어요.

"당신의 손을 내밀어 보세요. 손을 펴보세요."

예수님의 말씀을 듣고 병자가 손을 내밀어 폈어요.

그러자 오그라져 있던 병든 손이 완전히 회복되었어요.

빌립과 제자들은 바리새인들의 행동과 다른 예수님의 낯선 모습을 보았어요.

예수님은 안식일에 병자를 고치시는 자비의 행동을 보여주셨어요.

안식일에도 생명을 살리는 선한 행동을 하는 것은 옳은 것이라고 말씀하셨어요.

Before(이전) vs After(이후)

예수님은 안식일에 해서는 안되는 일만 말하던 바라새인의 모습과 달랐어요.
안식일에 생명을 살리는 선하고 자비로 마음으로 병자를 고치셨어요.
예수님의 모습을 본 빌립의 행동이 바뀌었어요. 어떻게 바뀌었을까요?

Before(이전)

VS

After(이후)

함께 기도해요

안식일에 생명을 살리는 선한 일을 하는 것은 옳다고 말씀하신 예수님을
기억하게 해주세요. 이제부터는 나의 생각으로 사람들을 판단하는 것이 아니라
예수님처럼 자비로운 마음으로 옳은 일을 행하는 어린이가 되게 해주세요.아멘 .

3과 죄인들의 식탁으로 떠나는 낯선 여행

● 배울 말씀: 누가복음 5장 27-32절
● 외울 말씀: 누가복음 5장 31-32절

 누가복음 5장 31~32절을 찾아 빈칸을 채워 말씀을 완성한 후, 함께 외워요.

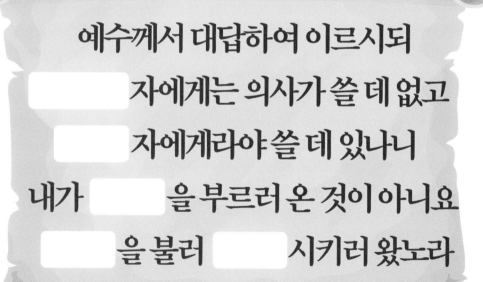

예수께서 대답하여 이르시되
□□□ 자에게는 의사가 쓸 데 없고
□□□ 자에게라야 쓸 데 있나니
내가 □□ 을 부르러 온 것이 아니요
□□ 을 불러 □□ 시키러 왔노라

누가복음 5장 31~32절

죄인들과 음식을 먹었다고?

QR코드를 핸드폰의 카메라로 스캔하면
이야기를 읽어주는 영상을 볼수 있습니다.

"그 소문 들었어요? 지금 예수님이 제자들과 함께 마태의 집으로 간다네요."

"뭐라고? 그럴리가. 누가 마태 같은 세리의 집에 가겠어?"

"진짜라고요! 가서 확인해봐요."

가버나움 마을은 온통 예수님과 마태의 이야기로 시끄러웠어요.

가버나움 사람들은 로마를 위하여 많은 세금을 걷어가는 세리들을 좋아하지 않았어요.

사람들은 세리들을 죄인이라고 부르며 가까이하지 않았어요.

아무도 죄인의 집에 가려고도 하지 않았어요.

그런데 어찌된 일일까요?

마태의 집 앞에 많은 사람들이 모여 들었어요.

가버나움 사람들은 마태의 집으로 들어간 예수님과 제자들을 몹시 궁금해했어요.

사람들이 마태의 집 안을 기웃거렸어요.

마태는 자기 집에 오신 예수님을 위해 큰 잔치를 준비하고 있어요.

예수님은 세리와 죄인들과 함께 앉아 이야기를 나누고 있어요.

예수님의 제자들 중 열심당이었던 시몬은 예수님의 모습을 이해할 수 없었어요.

세리와 죄인은 함께 할 수 없는 사람들이라고 늘 생각했어요.

시몬은 예수님과 제자들을 이상하게 바라보는 사람들의 시선과 수군대는 소리에

마음이 불편했어요.

마태가 예수님을 위해 준비한 음식을 식탁 위에 차렸어요.

그리고 예수님은 그들과 함께 음식을 먹었어요.

그 모습을 본 누군가가 큰 소리로 말했어요.

"예수님이 죄인들과 함께 앉아서 음식을 먹고 있어!"

"죄인들과 함께 음식을 먹는다고?"

마을 사람들은 웅성거리기 시작했어요.

그 모습을 구경하려는 마을 사람들에게 밀려 마태의 집 대문이 활짝 열렸어요.

그때 마을 사람들 사이를 뚫고 바리새인과 서기관들이 나오며 큰 소리로 말했어요.

"당신들은 어찌하여 세리와 죄인들과 함께 앉아서 음식을 먹고 마십니까!

세리와 거기 있는 죄인들은 우리와 함께 할 수 없는 사람들입니다"

바리새인의 말을 듣고 있던 예수님이 자리에서 일어나셨어요.

그리고 예수님과 제자들을 비난하던 사람들을 향해 말씀하셨어요.

"여러분, 잘 들으세요.

여러분들은 나와 함께 식탁에 앉아 있는 사람들을 죄인이라고 부릅니다.

그리고 그들과 함께 할 수 없다고 말합니다.

나는 의인을 부르러 온 것이 아니라 당신들이 말하는 죄인들을 불러 회개시키러 왔습니다.

이제 그들은 죄인이 아니라 나의 친구입니다"

시몬과 제자들 그리고 가버나움 사람들은 자신들의 생각과 다른 예수님의 낯선 모습을 보았어요.

예수님은 많은 사람들이 함께 할 수 없다고 말했던 세리 마태의 집으로 들어가셨어요.

죄인들과 함께하셨어요. 죄인들의 친구가 되어 주셨어요.

Before(이전) VS After(이후)

예수님은 많은 사람들이 함께 할 수 없다고 말하는 세리 마태의 집으로 들어가셨어요.
죄인들과 음식을 먹으며 함께하셨어요.
예수님의 모습을 본 시몬의 생각이 바뀌었어요. 어떻게 바뀌었을까요?

Before(이전)

VS

After(이후)

모든 사람들의 친구가 되어 주신 예수님, 나의 친구가 되어 주신 예수님을 믿습니다.
그 동안 함께하기를 꺼려했던 사람들을 찾아가 함께하며 친구가 되어주는
어린이가 되게 해주세요. 아멘 .

4과 이방인에게로 떠나는 낯선 여행

● 배울 말씀: 마가복음 구장 24–31절
● 외울 말씀: 마가복음 구장 31절

 마가복음 구장 31절 말씀을 찾아 완성하고, 함께 외워요.

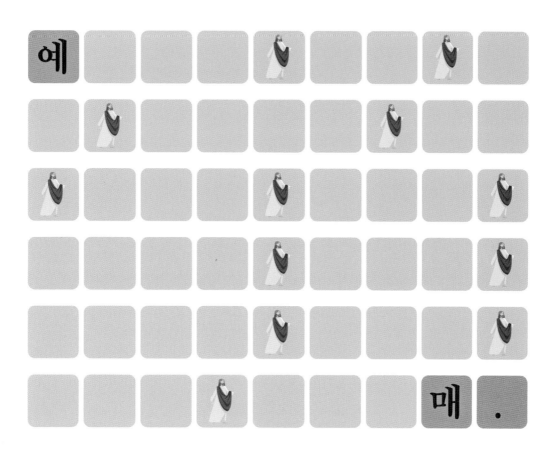

마가복음 7장 31절

이방인의 소원을 들어주었다고?

QR코드를 핸드폰의 카메라로 스캔하면
이야기를 읽어주는 영상을 볼수 있습니다.

"예수님, 두로는 이방인들이 거주하는 곳입니다.

그곳은 부정한 곳입니다. 우리는 그곳에 갈 수 없습니다."

갈릴리를 떠나 두로 지방에 가시는 예수님을 따라가며 안드레가 말했어요.

안드레의 말에도 아랑곳 하지 않고 예수님은 저 만치 앞서서 걸어가셨어요.

이스라엘 사람들은 이방인의 땅은 갈수 없는 곳으로 생각했어요.

그래서 다른 제자들도 말은 하지 않았지만, 예수님을 따라가는 것이 즐겁지 않았어요.

한참을 걸어 예수님과 제자들이 드디어 두로 지방에 도착하였어요.

그리고 한 집에 들어가 그곳에 머물었어요.

"예수님! 예수님!"

어찌된 일일까요? 이방인들의 땅 두로에서 예수님의 이름을 부르는 사람이 있어요.

"예수님! 제 어린 딸을 구원해주세요"

예수님을 찾는 한 여인의 소리를 들은 사람들이 웅성거리며 모여들었어요.

"무슨 일이야? 왜 저 여인은 갈릴리사람 예수님을 이곳에서 찾는 거야?"

"소문 못 들었나? 예수님이 제자들을 데리고 이곳에 오셨다네."

"뭐? 예수님은 참 이상한 분이시네. 이방인들이 사는 곳에 오시고."

"그나저나 저 여인은 무슨 다급한 일이 있어서 예수님을 저렇게 찾을까?"

예수님이 이곳에 계시다는 소문을 들은 한 이방 여인이 예수님을 만나기 위해

찾아왔어요. 그 여인은 헬라인이었어요.

그리고 수로보니게 족속 사람이었어요.

이방여인에게는 귀신들려 고통 당하는 어린 딸이 있었어요.

이방여인은 예수님이 귀신들린 딸을 고쳐주실거라 믿었어요.

"예수님! 예수님! 제 어린 딸을 구원해주세요!"

간절하게 예수님을 찾는 소리를 듣고 예수님과 제자들이 밖으로 나왔어요.

여인이 예수님을 보자 달려와 예수님의 발 아래 엎드려 울며 간구하였어요.

"예수님! 더러운 귀신이 어린 딸에게 들어와 아이가 고통 당합니다.

제발 어린 딸 아이에게서 귀신을 쫓아주세요."

예수님 옆에 서 있던 안드레가 예수님께 다가가 말했어요.

"예수님, 이곳은 이방인들의 땅이에요.

이 여인은 헬라인이고, 수로보니게 족속 사람이에요."

예수님은 안드레가 어떤 생각으로 이 말을 하는지 아셨어요.

그러나 예수님은 이방 여인의 소원을 들어 주셨어요.

귀신들려 고통 당하는 이방 여인의 딸을 고쳐 주셨어요

"이제 돌아가십시오. 이미 귀신이 딸에게서 나갔습니다."

이 말씀을 하시고 예수님은 제자들을 데리고 두로 지방을 나와 또 다른 이방인들의 땅

시돈과 데가볼리 지역으로 가셨어요.

안드레와 제자들은 자신들의 생각과 다른 예수님의 낯선 모습을 보았어요.

예수님은 이스라엘 사람들이 부정하다고 생각하여 찾아가지 않았던 이방의 땅으로 가셨어요.

이방인들에게도 구원이 필요함을 제자들에게 보여주셨어요.

Before(이전) VS After(이후)

예수님은 이스라엘 사람들이 부정하여 갈수 없는 곳이라고 생각했던 이방의 땅으로 가셨어요.
이방인의 소원을 들어주셨어요. 예수님의 모습을 본 안드레의 생각이 바뀌었어요.
어떻게 바뀌었을까요?

Before(이전)

VS

After(이후)

5과 섬김의 자리로 떠나는
낯선 여행

- 배울 말씀: 요한복음 13장 4-15절
- 외울 말씀: 요한복음 13장 4하-5상절

 요한복음 13장 4하-5상절을 따라 적고, 말씀을 함께 외워요.

겉옷을 벗고 수건을 가져다가
허리에 두르시고
이에 대야에 물을 떠서
제자들의 발을
씻으시고

요한복음 13장 4하-5상절

제자들의 발을 씻어주었다고?

QR코드를 핸드폰의 카메라로 스캔하면
이야기를 읽어주는 영상을 볼수 있습니다.

"베드로! 할 수 없는 일은 없답니다."

예수님의 말씀을 듣고 있던 베드로는 자리에서 일어나며 말했어요.

"안 됩니다. 예수님!

선생님은 절대로 그런 일을 하실 수 없습니다."

유월절 명절이 다가오자 예수님은 제자들과 함께 예루살렘으로 오셨어요.

제자들은 예수님과 유월절 식사를 함께하기 위해 큰 다락방을 준비하고,

유월절 음식도 준비했어요.

예수님은 제자들과 다락방으로 가셔서 함께 저녁식사를 하셨어요.

제자들은 오늘이 예수님과 함께하는 마지막 식사라는 것을 알지 못했어요.

예수님은 이제 세상을 떠나 아버지께로 돌아가실 때가 된 것을 아셨어요.

사랑하는 제자들을 두고 떠나야 한다는 생각에 마음이 아프셨어요.

함께 할 수 있는 동안 예수님은 제자들을 끝까지 사랑해 주셨어요.

제자들과 함께 식사를 하시던 예수님이 갑자기 자리에서 일어나셨어요.

베드로와 제자들은 고개를 들어 예수님을 올려 보았어요.

예수님은 겉옷을 벗으시더니, 수건을 가져 다가 허리에 두르셨어요.

예수님의 행동을 본 제자들은 모두 고개를 갸우뚱거렸어요.

이건 또 무슨 일일까요?

예수님이 대야에 물을 떠서 제자들의 발을 씻으시고 수건으로 닦아 주셨어요.

제자들은 모두다 어리둥절했어요. 예수님이 하시는 일을 이해할 수 없었어요.

이제 베드로의 차례가 되었어요.

베드로는 벌떡 일어나 뒤로 물러나며 큰 소리로 말했어요.

"어찌하여 선생님이 제 발을 씻어 주시려 합니까?"

"베드로! 이리로 오세요."

"안 됩니다. 예수님! 제 발을 절대로 씻지 못하십니다.

하인들이나 하는 일을 어찌 선생님이신 예수님이 하시려는 겁니까?"

"베드로! 내가 당신을 씻어주지 않으면 당신은 나와 아무런 상관이 없는 사람입니다.

그러니 이리로 와서 발을 주세요."

예수님은 베드로의 발을 다 씻어준 후에 옷을 입으시고 다시 앉으셨어요.

그리고 베드로와 제자들을 보시며 말씀하셨어요.

"베드로! 당신 말이 맞습니다. 나는 여러분들의 선생입니다.

그리고 여러분들이 선생인 내가 할 수 없다고 생각하는 그 일을 하였습니다.

여러분들에게 행동으로 본을 보였습니다.

그러니 여러분들도 서로의 발을 씻어주십시오."

예수님의 모습을 보고, 예수님의 말씀을 들은 베드로는 한참을 멍하게 앉아있었어요.

베드로와 제자들은 자신들의 행동과 다른 예수님의 낯선 모습을 보았어요.

예수님은 제자들과 사람들이 할 수 없다고 생각했던 일을 직접 행동으로 보여주셨어요.

제자들을 사랑하는 마음으로 섬김의 모습을 보여주셨어요.

Before(이전) VS After(이후)

예수님은 제자들이 선생이신 예수님이 할 수 없다고 생각했던 일을 행동으로
직접 보여주셨어요. 예수님의 모습을 본 베드로의 행동이 바뀌었어요.
어떻게 바뀌었을까요?

Before(이전)

VS

After(이후)

함께 기도해요

그동안 나는 할 수 없다고 생각하고 하지 않았던 모습들을 회개합니다.
예수님의 모습을 본받아 섬김의 모습을 실천하는 어린이가 되게 해주세요. 아멘.

6과 십자가의 자리로 떠나는 낯선 여행

● 배울 말씀: 마태복음 20장 17-28절
● 외울 말씀: 마태복음 20장 28절

 숫자에 해당하는 단어를 보기에서 찾아서 ▢ 안을 채워 마태복음20장 28절 말씀을
완성한 후, 함께 외워요.

인자가 온 것은

①⑥ 을 받으려 함이 아니라

도리어 ①④⑨ 하고

자기 ⑦② 을

많은 사람의 ⑩⑤⑧ 로

③⑨ 함이니라

마태복음 20장 28절

섬	숨	주	기	속	김	목	물	려	대
1	2	3	4	5	6	7	8	9	10

예수님이 죽었다고?

QR코드를 핸드폰의 카메라로 스캔하면
이야기를 읽어주는 영상을 볼 수 있습니다.

"어머니, 이제 그가 어머니의 아들입니다."

십자가 위에 달리신 예수님이 어머니 마리아에게 힘겹게 말씀하셨어요.

예수님의 십자가 곁에 서 있던 예수님의 어머니와 예수님을 따르던 세 명의 여인들이

예수님을 올려 다 보았어요. 여인들의 눈에서 눈물이 흘러내렸어요.

그리고 예수님의 제자 요한이 그들과 함께 예수님의 곁을 지키고 있었어요.

"요한! 어머니를 부탁합니다. 이제 당신의 어머니입니다."

예수님은 요한의 얼굴을 바라보시며 마지막 힘을 다하여 부탁의 말을 전하셨어요.

마지막 호흡을 내쉬며 힘겨워 하는 예수님의 고통이 전해졌어요.

요한은 십자가 위에서 죽어가는 예수님을 바라보며 그날의 일들을 기억했어요.

"예수님은 그리스도이십니다. 예수님은 살아 계신 하나님의 아들입니다."

요한은 가이사랴 빌립보에 울려 퍼졌던 베드로의 우렁찬 고백을 기억했어요.

예수님이 그리스도이심을 고백하며 가슴 벅찼던 시간들을 기억했어요.

그리고 그곳에서 제자들에게 하신 예수님의 말씀들도 기억했어요.

예수님은 그곳에서 제자들에게 처음으로 예수님이 하실 일들에 대해 말씀하셨어요.

"여러분, 나는 이제 예루살렘으로 올라갈 것입니다.

그곳에서 장로들과 대제사장들과 서기관들에게 많은 고난을 받을 것입니다.

죽임을 당할 것입니다. 그리고 제삼일에 다시 살아 날 것입니다."

예수님과 함께 이 땅 주의 나라를 꿈꾸던 제자들은 큰 충격을 받았어요.

"안됩니다. 예수님! 그리 마옵소서. 그런 일은 결코 일어나지 않을 것입니다."

요한과 제자들은 예수님이 하신 말씀이 무엇을 의미하는 지 그때는 알지 못했어요.

베드로의 말에 예수님이 왜 그리 화를 내셨는지 그때는 알지 못했어요.

"예수님! 청이 있습니다."

예수님이 제자들과 함께 예루살렘으로 올라가실 때에 요한과 야고보의 어머니가 예수님께 말했어요.

"예수님, 나의 두 아들을 주의 나라에서 하나는 주의 우편에, 하나는 주의 좌편에 앉게 해주세요."

다른 제자들도 요한의 어머니처럼 주의 나라에서 높은 자리에 앉기를 원했어요.

예수님은 높은 자리를 구하는 제자들을 바라보시며 말씀하셨어요.

"여러분, 세상의 통치자들은 높은 자리에서 권력으로 사람들을 지배합니다.

그런 높은 자리를 원합니까? 그러나 나의 나라에서는 그렇지 않습니다.

여러분들이 높은 자리에 있기를 원한다면 다른 사람들의 종이 되어야합니다.

나는 섬김을 받으려고 이 땅에 온 것이 아닙니다. 사람들을 섬기려고 이 땅에 왔습니다.

그리고 사람들을 구원하기 위해 십자가에 못박힐 것입니다."

요한과 제자들은 예수님이 십자가에서 죽으실 것을 그때는 알지 못했어요.

이제 요한은 그날의 일들을 기억하며 예수님이 하신 말씀의 의미를 알게 되었어요.

요한이 고개를 들어 예수님을 바라 보았어요.

십자가에 못박히신 채 죽어가고 있는 예수님을 보았어요.

예수님의 십자가 곁에 서서, 죽기까지 사람들을 섬기셨던 예수님의 사랑을 깨달았어요.

요한과 제자들은 세상을 위해 죽기까지 낮아지시는
예수님의 낯선 모습을 보았어요.
예수님은 죄인의 자리에서 자기의 목숨을
대속물로 내어 주시기까지
세상을 사랑하셨어요.
제자들은 죽음으로 보여주신
예수님의 사랑을 믿었어요.

Before(이전) VS After(이후)

예수님은 사람들을 섬기고 구원하기 위해 십자가에서 죽기까지 낮아지셨어요.
예수님의 모습을 본 요한의 믿음의 자세가 바뀌었어요. 어떻게 바뀌었을까요?

Before(이전)

VS

After(이후)

죄인의 모습으로 십자가에서 죽기까지 자신을 낮추신 예수님의 사랑을 기억합니다.
예수님의 모습을 본받아 이제 가족과 친구와 이웃을 섬기며 사랑하는 어린이가
되게 해주세요. 아멘.

7과 부활의 자리로 떠나는 낯선 여행

● 배울 말씀: 요한복음 20장 19-29절
● 외울 말씀: 요한복음 20장 19하절

 길을 따라가며 요한복음 20장 19하절을 큰 소리로 읽고, 함께 외워요.

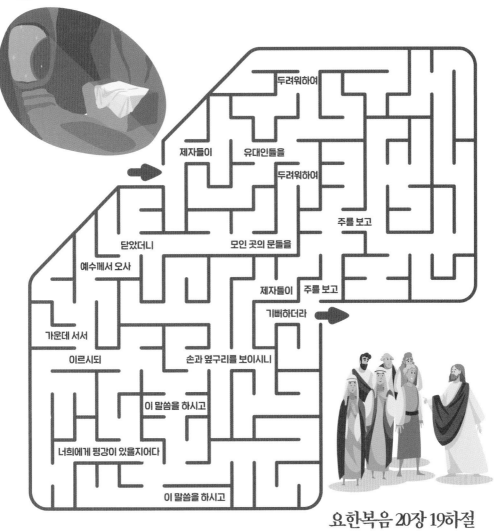

두려워하여

제자들이   유대인들을
두려워하여

주를 보고

닫았더니   모인 곳의 문들을

예수께서 오사

제자들이   주를 보고
기뻐하더라

가운데 서서

이르시되   손과 옆구리를 보이시니

이 말씀을 하시고

너희에게 평강이 있을지어다

이 말씀을 하시고

요한복음 20장 19하절

29 예수님을 따라 떠나는 낯선 여행

예수님이 부활하셨다고?

QR코드를 핸드폰의 카메라로 스캔하면
이야기를 읽어주는 영상을 볼 수 있습니다.

"도마! 어디 갔다가 지금 오는 거야?

예수님이 부활하셨어. 우리가 예수님을 만났어. "

"맞아. 예수님이 우리가 있는 이곳으로 찾아오셨어."

부활하신 예수님을 만난 제자들은 크게 기뻐하며 도마에게 말했어요.

그러나 도마는 제자들의 말을 믿으려 하지 않았어요.

"예수님은 돌아 가셨어요. 십자가에 매달려 죽으셨어요. 그리고 무덤에 묻히셨어요.

우리 모두가 아는 사실이라고요. 그래도 예수님이 부활하셨다고 말한다면,

나는 내 눈으로 예수님의 손바닥에 있는 못자국을 보아야 믿겠어요.

내 손으로 예수님의 못자국에 손을 넣어 보지 않고는 믿을 수 없어요."

안식일 다음 날 이른 새벽에 누군가가 다급하게 문을 두드렸어요. 쾅쾅쾅!

막달라 마리아가 제자들이 있는 집으로 찾아와 예수님이 부활하셨음을 전하였어요.

"예수님이 부활하셨어요. 내가 예수님을 보았어요."

그러나 제자들은 마리아의 말을 믿을 수 없었어요..

오히려 제자들은 유대인 지도자들이 예수님의 시신이 없어진 것을 알고

자신들을 죽일까봐 무서웠어요. 그래서 제자들은 문들을 모두 잠그고

숨어 있었어요.

그날 저녁, 두려움에 떨고 있는 제자들에게 예수님이 나타나셨어요.

예수님은 제자들 가운데 서서 말씀하셨어요.

"다들 잘 있었나요? 여러분들에게 평강이 있기를 바랍니다."

제자들은 믿을 수 없었어요. 문들은 단단히 닫혀 있었어요.

놀란 눈을 크게 뜨고 예수님을 바라보는 제자들에게 예수님은 양손과

옆구리를 보여 주셨어요. 제자들은 부활하신 예수님을 보고 기뻤어요.

그런데, 예수님이 제자들을 찾아오신 그날에 도마는 함께 있지 않았어요.

제자들은 부활하신 예수님을 만난 이야기를 하며 매일매일을 보냈어요.

8일 후에 도마와 제자들은 다시 함께 집 안에 모여 있었고, 문은 닫혀 있었어요.

예수님께서 다시 제자들을 찾아오셨고, 그들 가운데 서서 말씀하셨어요.

"다들 잘 있었나요? 여러분들에게 평강이 있기를 바랍니다."

예수님을 다시 보게 된 제자들은 기뻐하며 예수님께로 다가갔어요.

예수님은 뒤에 떨어져 멍하니 서 있는 도마를 보셨어요.

그리고 도마의 이름을 불러 주셨어요. "도마! 이리로 가까이 오세요."

도마는 예수님 앞으로 다가가며 말했어요. "사실이었군요. 사실 이었어!"

"도마! 이리 와서 당신의 손을 내밀어 내 손바닥과 내 옆구리에 넣어보세요.
그리고 믿음 없는 자처럼 의심하지 말고, 믿는 자가 되세요."

"예수님은 나의 주님이십니다! 나의 하나님이십니다!"

"도마! 나를 보고 이제야 내가 부활한 것을 믿습니까?
보지 않고 믿는 사람이 더 복되고 행복한 사람입니다."

도마와 제자들은 자신들이 믿지 못하고 알지 못했던 예수님의 낯선 모습을 보았어요.

부활하신 예수님은 의심하는 제자들에게 나타나셔서 제자들의 믿음을 확실하게 하셨어요.

제자들은 부활하신 예수님을 믿었어요.

Before(이전) VS After(이후)

부활하신 예수님은 제자들에게 찾아오셨어요. 그리고 예수님의 양손과 옆구리의 상처를 보여주셨어요. 예수님의 모습을 본 도마의 믿음의 자세가 바뀌었어요.
어떻게 바뀌었을까요?

Before(이전)

VS

After(이후)

함께 기도해요

보지 않고 믿는 자가 복되고 행복한 사람이라고 말씀하신 예수님을 기억합니다. 예수님이 나를 구원하기 위하여 죽으시고 부활하셨음을 의심하지 않고 믿는 어린이가 되게 해주세요. 아멘 .